Easy Chinese

全新版華語 2

編輯要旨

一、本書爲適應世界各地華僑學校需要而編寫，全書共分十二冊，提供世界各地華僑小學、中學使用。各地區可因應個別需要，一年使用一冊或二冊，教材設計上，也儘量符合這二種需求。

二、本書課程設計，採「語」「文」並重；選擇在「第二外國語言」和「本國語文」中找出一個平衡點。每一課的「語文活動」中，大都有「對話練習」，滿足語言在日常生活的應用需求；每課課文，又充滿了文學、文化的趣味性與人文關懷。

三、本書重視語言文字的統整學習。每課的語文活動，將文字的形、音、義、詞語、句型、章法等，系列地歸納出概念原則，幫助孩子快速有效的學習。在教學指引中，更設計生動活潑的語文遊戲，爲孩子的學習帶來歡笑。

四、本書爲使學生能學習最正確的華語，編寫時特別採用「國語注音符號」。附錄中對每課生字、新詞均附通用拼音、漢語拼音及英文解釋，以供參考。

五、本書所用生字，至第六冊約爲八百字，至第十二冊約爲二千四百字，按教育部編「常用兩千八百字彙編」的字頻編寫。字由淺而深，在課文或語文活動、習作中，有反覆練習的機會；並且用淺白的文字和圖畫，系統性、趣味性的介紹文字，以此策略，幫助孩子大量識字。至於生字的注音，儘量不用變調、兒化韻，以降低學生學習困擾。必要的變調，如哥哥ㄍㄜ˙ㄍㄜ，文中會注變調；生字中注本調。

六、本書三課組成一單元，以收單元教學效果。但爲配合僑校學生每週上課一次，所以每課都設計相關語文活動，包含聽、說、讀、寫的語文技能，做爲說話課和作文課的輔助教材，以幫助學生思考、溝通及書寫的能力。每冊並附教學指引一本及習作本二本。

目次

一　上學

早起上學校，
像小馬跑哇跑，
像小鳥叫哇叫。

像　跑　老　師　到　頭　們

老師看到我，
點點頭，
笑一笑，
我們是頑皮家族，
學校是我們的家。

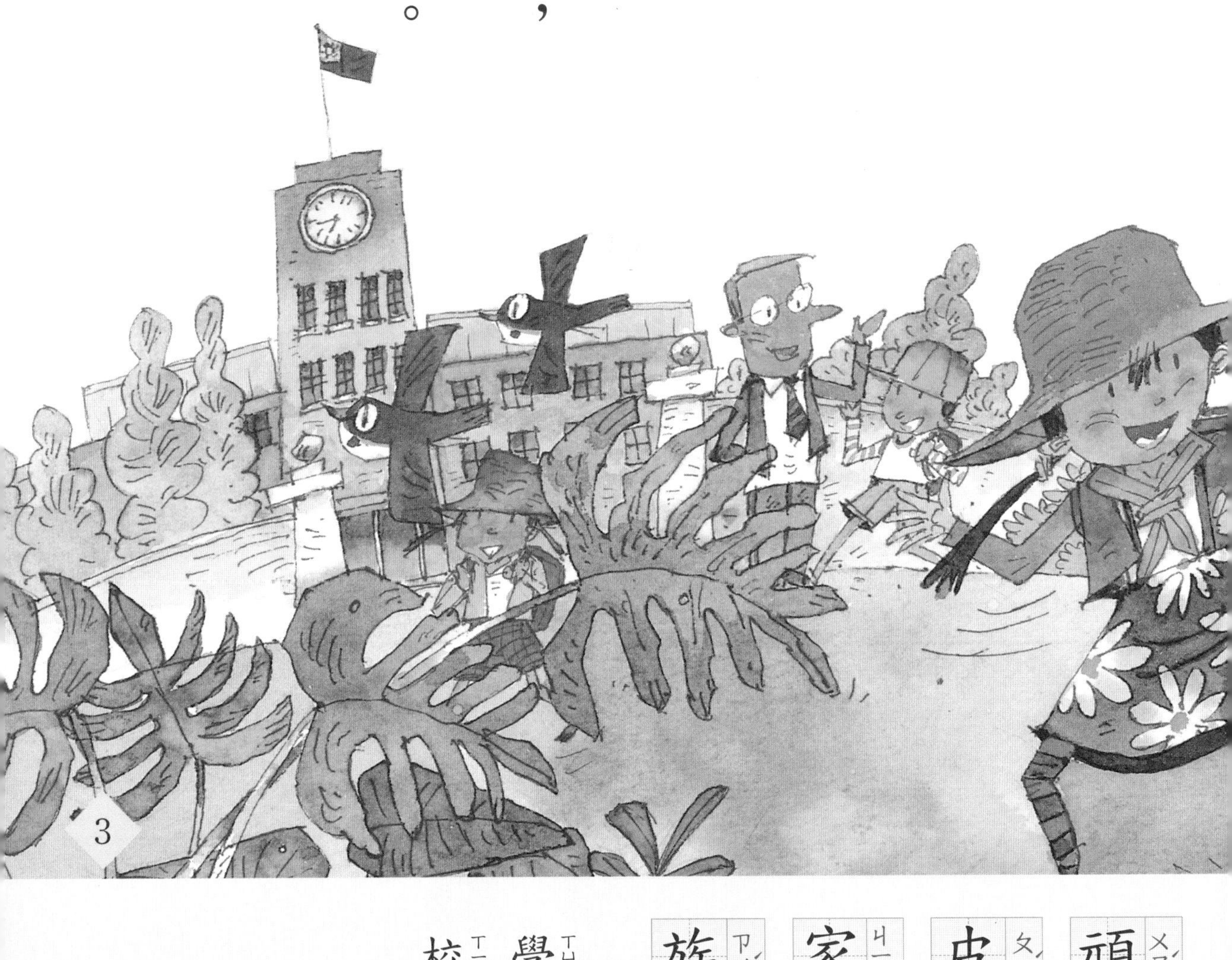

頑 ㄨㄢˊ　皮 ㄆㄧˊ　家 ㄐㄧㄚ　族 ㄗㄨˊ　學 ㄒㄩㄝˊ　校 ㄒㄧㄠˋ

對話練習

：我愛上學。

：我也愛上學。

：我每天早上起來就急著上學。

：我在學校裡，像小鳥叫哇叫得很快樂。

：我在學校裡，像小馬跑哇跑得也很快樂。

：學校是我們的家。

：我們愛上學。

念一念

像小馬跑哇跑
像小鳥叫哇叫
像小豬吃啊吃

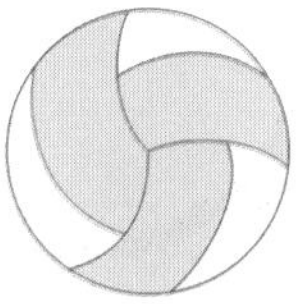

像小猴爬啊爬
像小狗跳哇跳
像小魚游哇游

連(ㄌㄧㄢˊ)一(ㄧˋ)連(ㄌㄧㄢˊ)

豬(ㄓㄨ)　馬(ㄇㄚˇ)　鳥(ㄋㄧㄠˇ)

猴(ㄏㄡˊ)　狗(ㄍㄡˇ)　魚(ㄩˊ)

比(ㄅㄧˇ)一(ㄧˋ)比(ㄅㄧˇ)

雨(ㄩˇ)
- 雪(ㄒㄩㄝˇ) — 下(ㄒㄧㄚˋ)雪(ㄒㄩㄝˇ)
- 雲(ㄩㄣˊ) — 白(ㄅㄞˊ)雲(ㄩㄣˊ)

女(ㄋㄩˇ)
- 奶(ㄋㄞˇ) — 奶(ㄋㄞˇ)奶(˙ㄋㄞ)
- 好(ㄏㄠˇ) — 好(ㄏㄠˇ)玩(ㄨㄢˊ)

言(ㄧㄢˊ)
- 討(ㄊㄠˇ) — 討(ㄊㄠˇ)厭(ㄧㄢˋ)
- 說(ㄕㄨㄛ) — 說(ㄕㄨㄛ)話(ㄏㄨㄚˋ)

口(ㄎㄡˇ)
- 吵(ㄔㄠˇ) — 吵(ㄔㄠˇ)鬧(ㄋㄠˋ)
- 叫(ㄐㄧㄠˋ) — 大(ㄉㄚˋ)叫(ㄐㄧㄠˋ)

手(ㄕㄡˇ)
- 捶(ㄔㄨㄟˊ) — 捶(ㄔㄨㄟˊ)背(ㄅㄟˋ)
- 扶(ㄈㄨˊ) — 扶(ㄈㄨˊ)手(ㄕㄡˇ)

木(ㄇㄨˋ)
- 棵(ㄎㄜ) — 一(ㄧˋ)棵(ㄎㄜ)
- 樹(ㄕㄨˋ) — 大(ㄉㄚˋ)樹(ㄕㄨˋ)

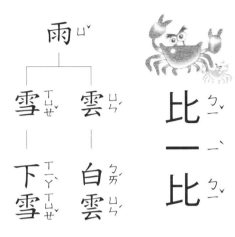

二 我的學校好

我的學校好，
大樹好高好高，
大樹和小草
說悄悄話。

學 校 樹 高 草 悄 話

我的學校好，
ㄨㄛˇ ·ㄉㄜ ㄒㄩㄝˊ ㄒㄧㄠˋ ㄏㄠˇ

同學好多好多，
ㄊㄨㄥˊ ㄒㄩㄝˊ ㄏㄠˇ ㄉㄨㄛ ㄏㄠˇ ㄉㄨㄛ

同學和我手拉手，
ㄊㄨㄥˊ ㄒㄩㄝˊ ㄏㄢˊ ㄨㄛˇ ㄕㄡˇ ㄌㄚ ㄕㄡˇ

一起唱歌，
ㄧˋ ㄑㄧˇ ㄔㄤˋ ㄍㄜ

一起說笑話。
ㄧˋ ㄑㄧˇ ㄕㄨㄛ ㄒㄧㄠˋ ㄏㄨㄚˋ

9

拉 ㄌㄚ　手 ㄕㄡˇ　同 ㄊㄨㄥˊ

對話練習

：我的學校好！

：我的學校才好！

：我的學校有好高好高的大樹。

：我的學校有好多好多的同學。

：我的學校有好高好高的大樹，還有好多好多的同學。

：我的學校是□□小學。

：我的學校也是□□小學。

：我們是同一個學校。

相反詞練習

大樹

樹上

笑一笑

冷冷的

坐著

好高好高

好多好多

小樹

樹下

哭一哭

熱熱的

站著

好低好低

好少好少

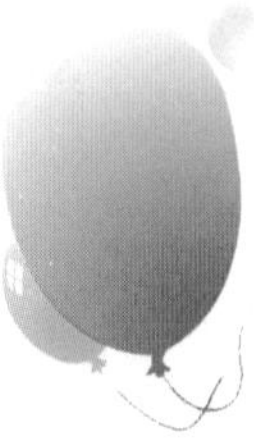

詞語練習（ㄘˊ ㄩˇ ㄌㄧㄢˋ ㄒㄧˊ）

話（ㄏㄨㄚˋ）

(1)
說話（ㄕㄨㄛ ㄏㄨㄚˋ）
說笑話（ㄕㄨㄛ ㄒㄧㄠˋ ㄏㄨㄚˋ）
說好話（ㄕㄨㄛ ㄏㄠˇ ㄏㄨㄚˋ）
說悄悄話（ㄕㄨㄛ ㄑㄧㄠˇ ㄑㄧㄠˇ ㄏㄨㄚˋ）
說好聽的話（ㄕㄨㄛ ㄏㄠˇ ㄊㄧㄥ ˙ㄉㄜ ㄏㄨㄚˋ）

歌（ㄍㄜ）

(2)
唱歌（ㄔㄤˋ ㄍㄜ）
唱兒歌（ㄔㄤˋ ㄦˊ ㄍㄜ）
唱老歌（ㄔㄤˋ ㄌㄠˇ ㄍㄜ）
唱好聽的歌（ㄔㄤˋ ㄏㄠˇ ㄊㄧㄥ ˙ㄉㄜ ㄍㄜ）

念一念

和……

大樹和小草說悄悄話

同學和我手拉手

爸爸和媽媽喝喝茶

弟弟和妹妹唱唱歌

一起……

我們一起唱歌

我們一起說笑話

我們一起看看書

我們一起吃西瓜

三　上課和下課

上課了，
我拿出書來，
也拿出筆來，
我們一起讀書。

課　拿　出　書　也　拍　球

下課了。
我拍皮球，
你溜滑梯。
你告訴我，
我的皮球拍得好。
我也告訴你，
你的滑梯溜得快。

梯 溜 讀 筆

快 訴 告 滑 你

對話練習

：下課了，我們一起玩。

：好哇！我說「早安」，你也要說「早安」。

：我說「唱歌」，我們就一起唱歌。

：我說「拍手」，我們就一起拍手。

：請老師告訴我們哪個人動作快。

念一念（ㄋㄧㄢˋ ㄧ ㄋㄧㄢˋ）

我（ㄨㄛˇ）的（˙ㄉㄜ）皮（ㄆㄧˊ）球（ㄑㄧㄡˊ）拍（ㄆㄞ）得（˙ㄉㄜ）好（ㄏㄠˇ）。

你（ㄋㄧˇ）的（˙ㄉㄜ）滑（ㄏㄨㄚˊ）梯（ㄊㄧ）溜（ㄌㄧㄡ）得（˙ㄉㄜ）快（ㄎㄨㄞˋ）。

我（ㄨㄛˇ）的（˙ㄉㄜ）皮（ㄆㄧˊ）球（ㄑㄧㄡˊ）跳（ㄊㄧㄠˋ）得（˙ㄉㄜ）高（ㄍㄠ）。

你（ㄋㄧˇ）的（˙ㄉㄜ）弟（ㄉㄧˋ）弟（˙ㄉㄧ）吃（ㄔ）得（˙ㄉㄜ）多（ㄉㄨㄛ）。

他（ㄊㄚ）的（˙ㄉㄜ）妹（ㄇㄟˋ）妹（˙ㄇㄟ）唱（ㄔㄤˋ）得（˙ㄉㄜ）少（ㄕㄠˇ）。

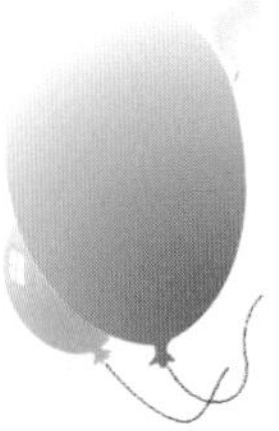

詞語練習 ㄘˊㄩˇㄌㄧㄢˋㄒㄧˊ

小ㄒㄧㄠˇ 草ㄘㄠˇ 地ㄉㄧˋ

頑ㄨㄢˊ 皮ㄆㄧˊ 球ㄑㄧㄡˊ

前ㄑㄧㄢˊ 天ㄊㄧㄢ 亮ㄌㄧㄤˋ

大ㄉㄚˋ 樹ㄕㄨˋ 下ㄒㄧㄚˋ

小ㄒㄧㄠˇ 燈ㄉㄥ 亮ㄌㄧㄤˋ

滑ㄏㄨㄚˊ 梯ㄊㄧ 子ㄗ

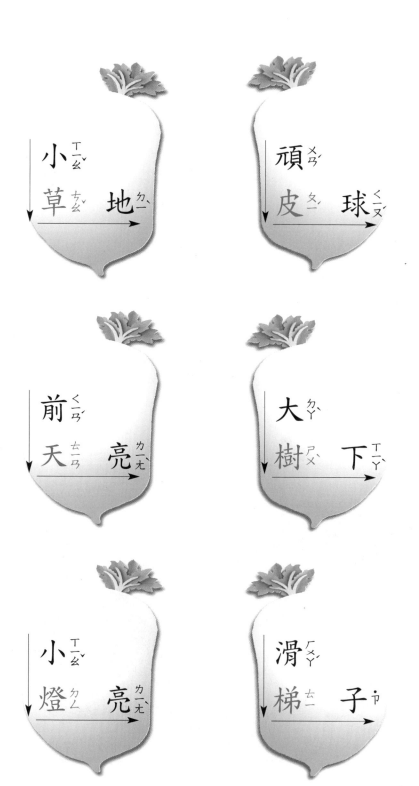

變一變（ㄅㄧㄢˋ ㄧ ㄅㄧㄢˋ）

有趣的中國字（ㄧㄡˇ ㄑㄩˋ ˙ㄉㄜ ㄓㄨㄥ ㄍㄨㄛˊ ㄗˋ）

這是什麼字？（ㄓㄜˋ ㄕˋ ㄕㄣˊ ˙ㄇㄜ ㄗˋ）

象形字（ㄒㄧㄤˋ ㄒㄧㄥˊ ㄗˋ）。
∧，是樓上（ㄕˋ ㄌㄡˊ ㄕㄤˋ）。
冂，是樓下（ㄕˋ ㄌㄡˊ ㄒㄧㄚˋ）。
兩個口是窗戶（ㄌㄧㄤˇ ˙ㄍㄜ ㄎㄡˇ ㄕˋ ㄔㄨㄤ ㄏㄨˋ），
一層一層的樓（ㄧ ㄘㄥˊ ㄧ ㄘㄥˊ ˙ㄉㄜ ㄌㄡˊ），
當然是高（ㄉㄤ ㄖㄢˊ ㄕˋ ㄍㄠ）。

高（ㄍㄠ）

四 雪人

冷冷的雪地裡，
下著片片的雪花，
雪花很漂亮。
山變白了，
樹變白了，
房子也變白了。

雪 ㄒㄩㄝˇ　地 ㄉㄧˋ　裡 ㄌㄧˇ　片 ㄆㄧㄢˋ　漂 ㄆㄧㄠˋ　亮 ㄌㄧㄤˋ　變 ㄅㄧㄢˋ

冷冷的雪地裡，
我的雪人坐著，
對我笑。

對 坐 房

說一說

對話練習

：今天好冷啊！

：因為下雪了。

：山變白了！

：對呀！

：樹變白了！

：對呀！

：房子變白了！

：對呀！

：我的雪人變老了。

：你真是愛說笑。

念一念

「了」和「子」有什麼不一樣？

了

爸爸走了。

媽媽來了。

妹妹笑了。

弟弟哭了。

爺爺老了。

子

日子 石子 李子 梨子 瓜子 沙子 房子

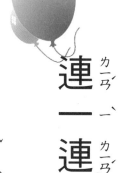

連一連

字桶裡的字有共同的部分，請用筆圈起來。這些有共同部分的字，在字典裡都放在一起，這些字的共同部分就叫「部首」。現在就把字和部首連起來。

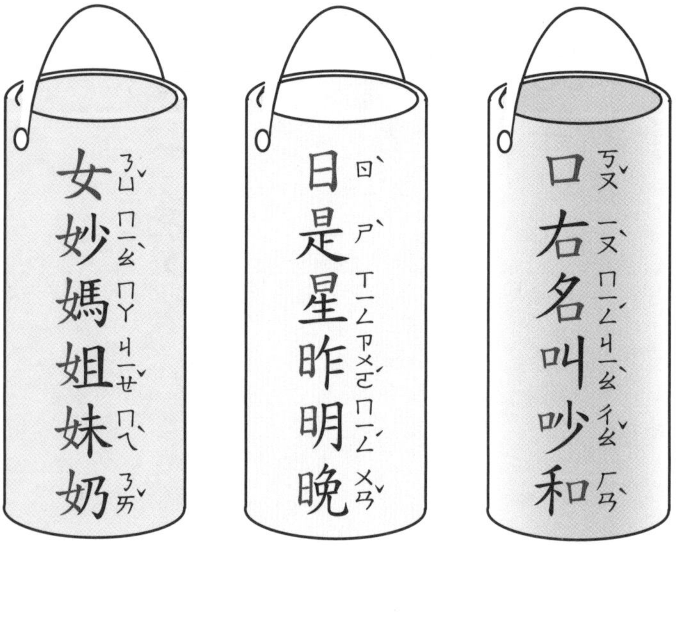

寫一寫

每一行都可以組成四個字的詞語，請師長告訴你詞語的意思。

ㄩㄝˋ	ㄖˋ	ㄖˋ	冰 ㄅㄧㄥ
ㄒㄧㄚˋ	ㄩㄝˋ	ㄖˋ	ㄊㄧㄢ
老 ㄌㄠˇ	ㄒㄧㄥ	ㄩㄝˋ	ㄒㄩㄝˇ
ㄖㄣˊ	辰 ㄔㄣˊ	ㄩㄝˋ	地 ㄉㄧˋ

五 耶誕樹

一棵高大的耶誕樹，
站在我家的客廳。
樹下有一包一包的禮物，
樹上有一閃一閃的小燈，
爸爸說：
樹上掛著閃亮的星星。

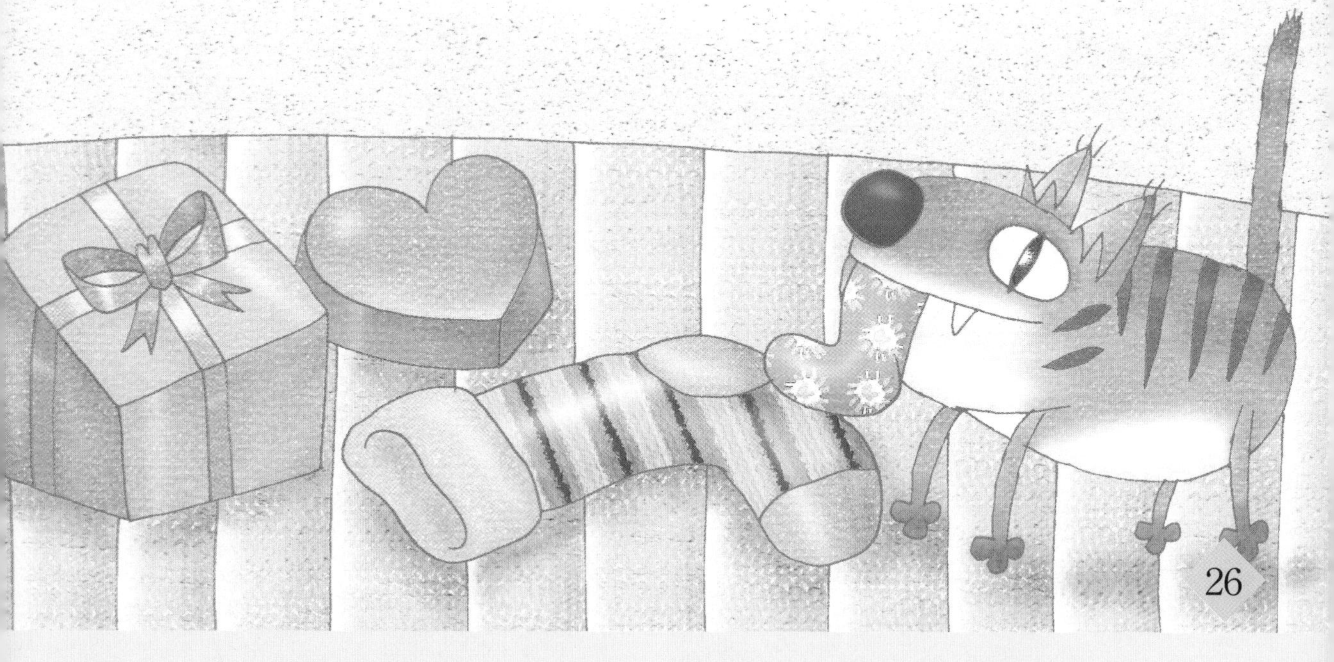

耶ㄧㄝ　誕ㄉㄢˋ　棵ㄎㄜ　站ㄓㄢˋ　客ㄎㄜˋ　包ㄅㄠ　禮ㄌㄧˇ

媽媽說：

樹下有愛的禮物。

廳

愛 掛 燈 閃 物

看圖說一說

：那是誰呀？

：是弟弟呀！他扮成耶誕老人。

：大家來拿耶誕禮物！

：來！來！每個人都有禮物。

：我要梨子。

：好！好！好！

：弟弟！快把手錶還給我。

那是誰呀？
是弟弟呀！他扮成耶誕老人。
來！來！來！大家來拿耶誕禮物，每個人都有禮物。
我要……
我要梨子。
好！好！好！
弟弟！快把手錶還給我。

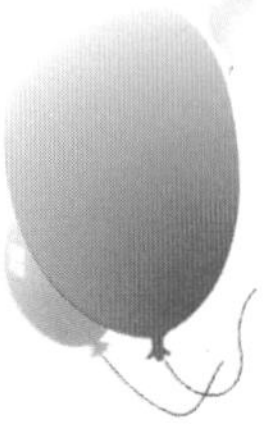

念一念

下面都是數量詞，你還會說哪些？

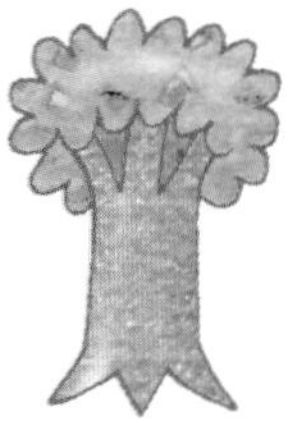				
一棵大樹	一包禮物	一顆星星	一個星期	一袋李子
	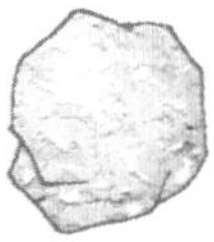			
一片西瓜	一粒石子	一隻八哥	一位爸爸	一

唱兒歌（ㄔㄤˋ ㄦˊ ㄍㄜ）　小星星（ㄒㄧㄠˇ ㄒㄧㄥ·ㄒㄧㄥ）

一閃一閃亮晶晶

滿天都是小星星

掛在天上放光明

好像許多小眼睛

一閃一閃亮晶晶

滿天都是小星星。

五　耶誕樹

六 新年到

新年到，
新年到。
看到大人，
說恭喜。
拿到紅包，
笑嘻嘻。

大街上，
你舞獅，
他舞龍，
新年真是好奇妙。

新ㄒㄧㄣ　年ㄋㄧㄢˊ　恭ㄍㄨㄥ　喜ㄒㄧˇ　街ㄐㄧㄝ　舞ㄨˇ　獅ㄕ

奇 ㄑㄧˊ 龍 ㄌㄨㄥˊ

說一說

你

你是男生，
你是我的弟弟，
你喜歡吵個不停。

他

他是男生，
他是我的哥哥，
他喜歡舞獅舞龍。

我

我是女生，
我是妹妹，
我喜歡禮物。

念一念

拿

拿

拿紅包

拿到紅包

拿到紅包笑嘻嘻

我拿到紅包笑嘻嘻

你拿到紅包笑嘻嘻

他拿到紅包笑嘻嘻

真

真

真奇妙

舞獅真奇妙

舞獅舞龍真奇妙

新年的舞獅舞龍真奇妙

讀一讀

許下美麗的心願

面對新的一年，你許下了什麼心願？下面是一些小朋友掛在耶誕樹的許願卡，讀一讀，也寫下你的心願。

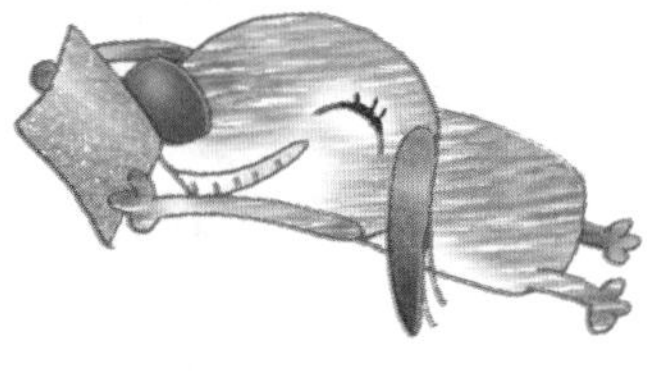

我希望：

全家人的身體都健康。

李大有

我希望：

每個人心中充滿愛，

讓世界更美。

王小美

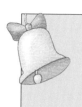

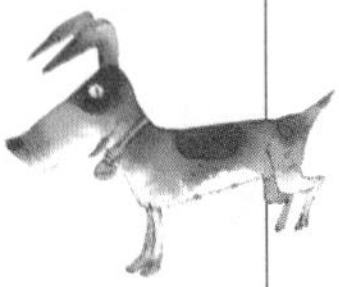

我希望：
我能改掉自己做事
很慢的壞習慣。

李白山

我希望：
不要為一點小事和
別人吵架。

小舟

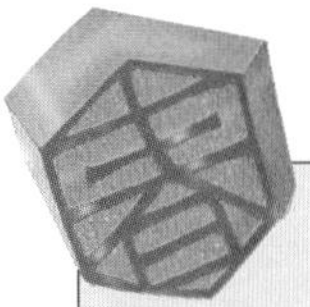

我希望：

○○○

七　打電話

小明請小安吃飯，
他打電話給小安，
接電話的是小安的媽媽。
小明說：
「李媽媽好，我是小明，請問小安在家嗎？」
「小安不在家，你找他有什麼事？」

打　請　吃　飯　給　接　問　找

「昨天我和小安約好了，請他明天來我家吃飯，他能來嗎？」

「可以呀！」

「李媽媽，請你記得告訴小安，好嗎？」

「好的，謝謝你！」

「謝謝你，李媽媽再見！」

「再見！」

什　麼　可　以　記

電　事　約　能　謝

我會打電話

跟同學一起練習

變一變（ㄅㄧㄢˋ ㄧˊ ㄅㄧㄢˋ）

有趣的中國字（ㄧㄡˇ ㄑㄩˋ ˙ㄉㄜ ㄓㄨㄥ ㄍㄨㄛˊ ㄗˋ）

= 打

丁

\+

□ = 戈 + 扌

\+ 妾

=

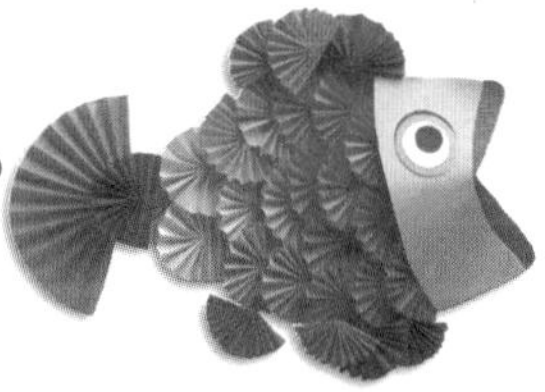

= □

青

\+

= 舌 + 言

\+ 己

= □

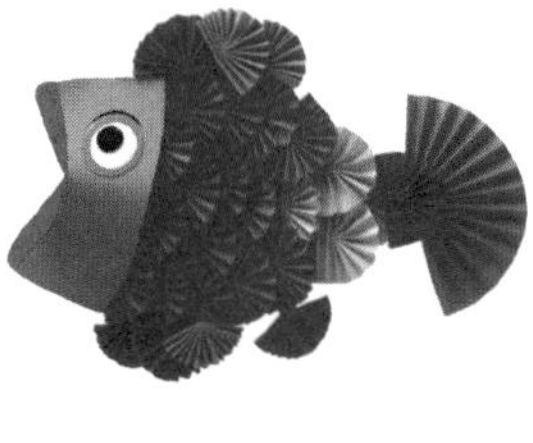

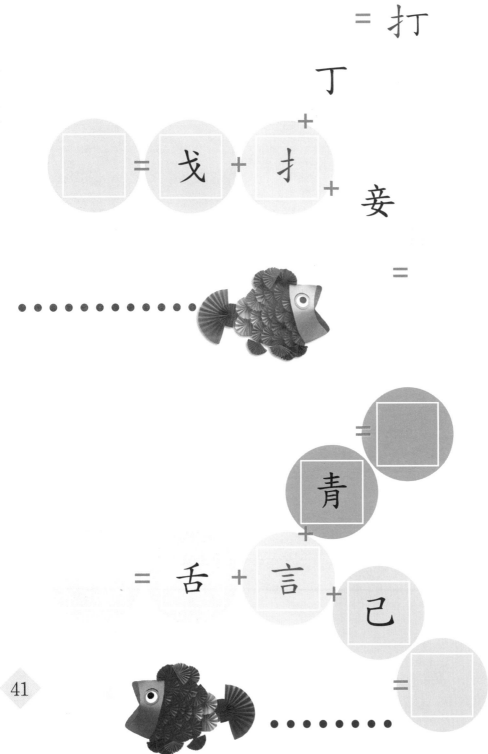

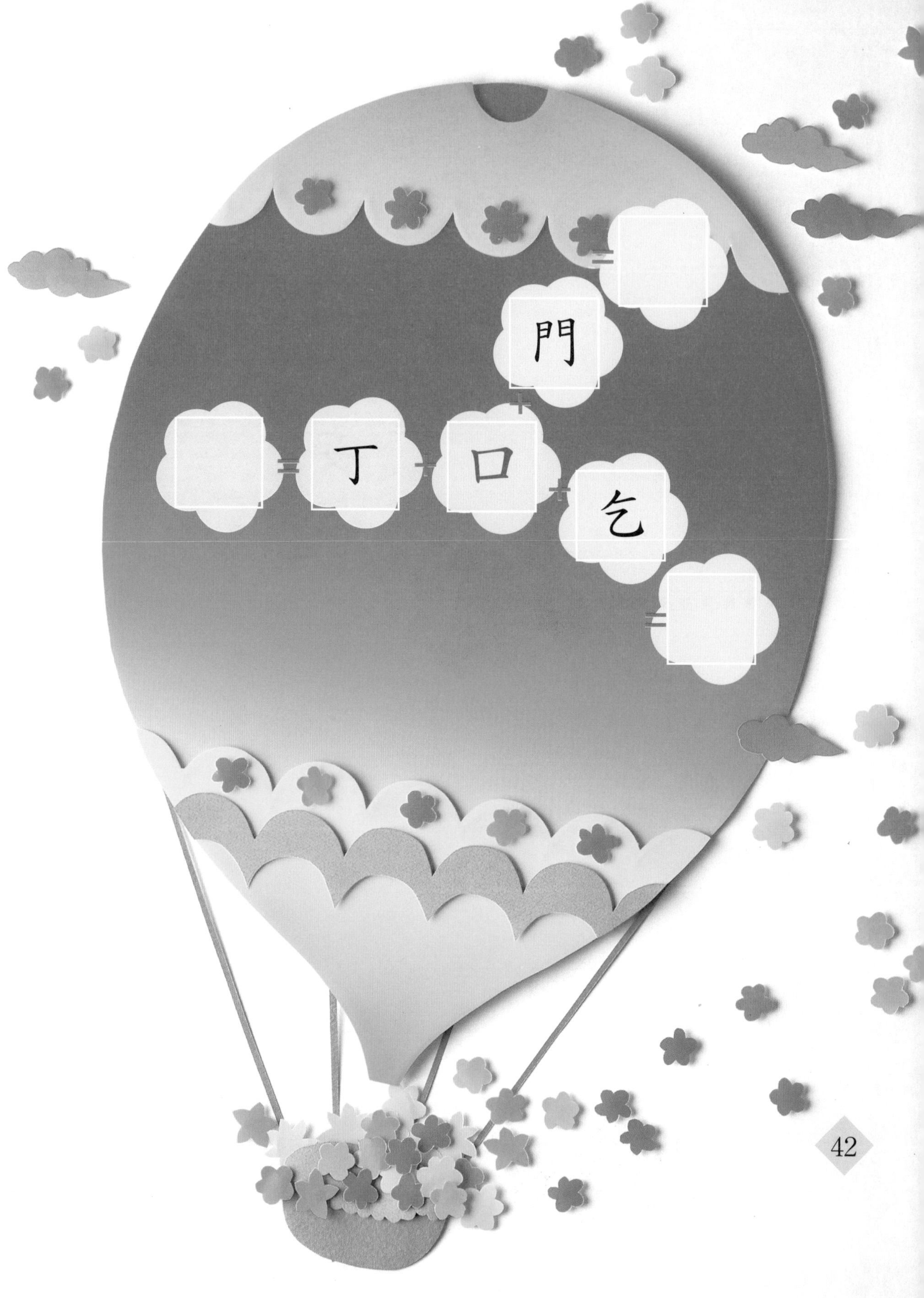
門
丁
口
乞

讀一讀

誰打電話給誰？

哥哥

太陽

小貓

打電話給

爸爸。

雪人。

小狗。

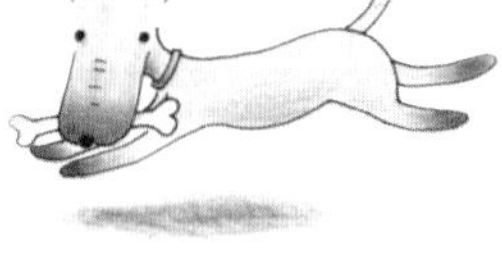

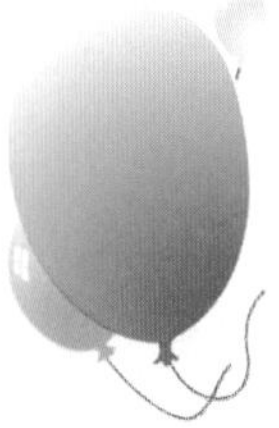

連一連

找出有禮貌的講電話方式。

1. 您好，我是小明，

2. 李安不在家，

李安在家嗎？

請問李安在家嗎？

不要再打來。

你找他有什麼事？

3. 請你記得告訴他，

4. 謝謝你，

好嗎？

知道嗎？

不客氣！

再見！

八 排隊

王小明和媽媽一起上超市去買菜，
媽媽買了青菜和水果，
小明買了牛奶和汽水。

媽媽說：「來吧！我們排在一起結賬。」

小明說：「不！這裡人太多了，我要找人少的隊伍。」

排 王 超 去 買 青 果 汽 結

小明一下子跑到東，
一下子跑到西。
媽媽結賬了，他還在後面排隊。
媽媽站了好久，才看到小明出來。
小明說：「對不起，
下次我不會跑來跑去，
我會好好的排隊！」

會　才　面　還　東　賬　菜　隊

要　伍　次

說一說

對話練習

：我上次借你的書呢？

：啊！我忘了帶，真對不起。

：下次一定要記得喔！

：好。對了，你不是說要帶一個球拍來的嗎？

：啊！我也忘記了！

：沒關係，下次我們都要記得喔！

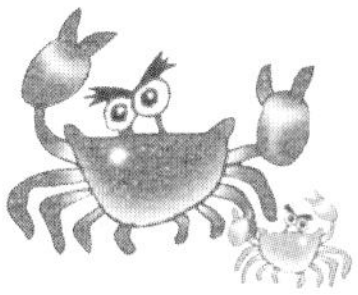

比一比

每一組的字有什麼相同的地方？

1.

果 課

水果 上課

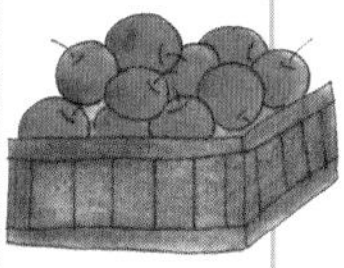

2.

起 超

起來 超市

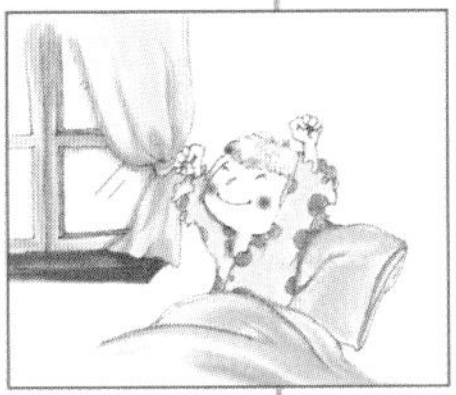

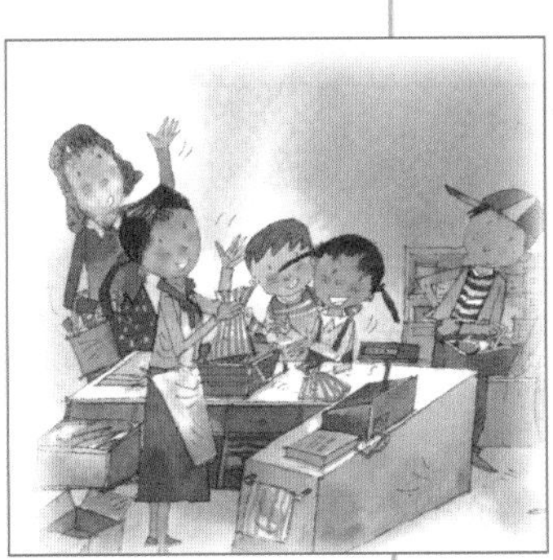

3.

氣 汽

氣球 汽水

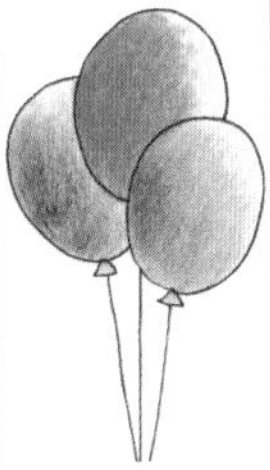

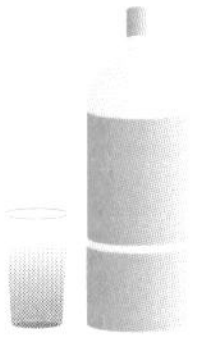

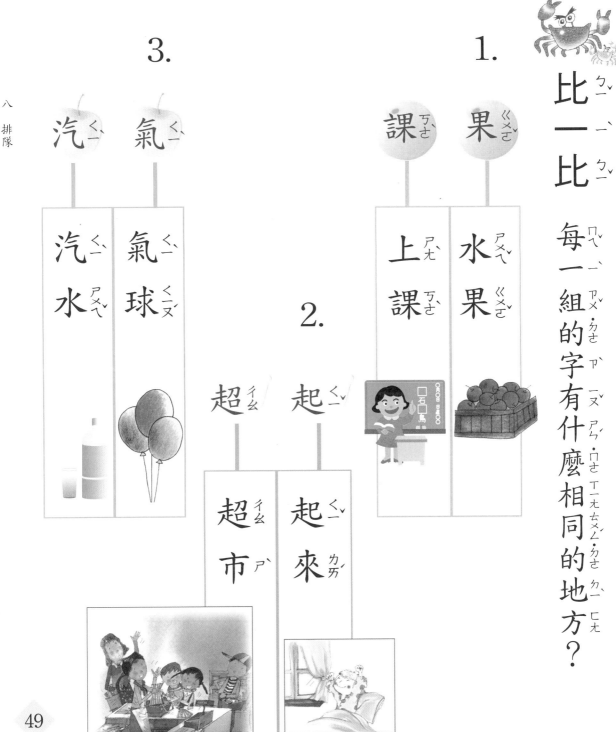

讀一讀

下次我不會再

拍球，

吃西瓜，

跑來跑去，

我會

溜滑梯。

吃李子。

好好排隊。

寫一寫

先看圖寫下東西的名稱，再想一想，哪些東西你可以在超市買到？請在□中打V。

九　請朋友吃飯

小安請小明吃飯，
小明東看西看，
一邊吃東西一邊玩。
小安心裡想：
這個朋友吃東西怎麼這個樣子！

怎 ㄗㄣˇ　想 ㄒㄧㄤˇ　心 ㄒㄧㄣ　玩 ㄨㄢˊ　東 ㄉㄨㄥ　友 ㄧㄡˇ　朋 ㄆㄥˊ

小明請小安吃飯，
小安只看著眼前的汽水，
每樣東西都只吃一半。
小明心裡也在想：
他是不是不喜歡我的菜和飯？

歡 眼 邊

菜 半 都 每 只

說（ㄕㄨㄛ）一（ㄧ）說（ㄕㄨㄛ）　對（ㄉㄨㄟˋ）話（ㄏㄨㄚˋ）練（ㄌㄧㄢˋ）習（ㄒㄧˊ）

：明（ㄇㄧㄥˊ）天（ㄊㄧㄢ）請（ㄑㄧㄥˇ）你（ㄋㄧˇ）到（ㄉㄠˋ）我（ㄨㄛˇ）家（ㄐㄧㄚ）吃（ㄔ）飯（ㄈㄢˋ）！

：謝（ㄒㄧㄝˋ）謝（˙ㄒㄧㄝ），我（ㄨㄛˇ）幾（ㄐㄧˇ）點（ㄉㄧㄢˇ）去（ㄑㄩˋ）呢（˙ㄋㄜ）？

：中（ㄓㄨㄥ）午（ㄨˇ）十（ㄕˊ）二（ㄦˋ）點（ㄉㄧㄢˇ）半（ㄅㄢˋ），好（ㄏㄠˇ）不（ㄅㄨˋ）好（ㄏㄠˇ）？

：好（ㄏㄠˇ）哇（˙ㄨㄚ）！你（ㄋㄧˇ）家（ㄐㄧㄚ）是（ㄕˋ）不（ㄅㄨˋ）是（ㄕˋ）就（ㄐㄧㄡˋ）在（ㄗㄞˋ）超（ㄔㄠ）市（ㄕˋ）前（ㄑㄧㄢˊ）面（ㄇㄧㄢˋ）？

：對（ㄉㄨㄟˋ）呀（˙ㄧㄚ）！你（ㄋㄧˇ）喜（ㄒㄧˇ）歡（ㄏㄨㄢ）吃（ㄔ）什（ㄕㄣˊ）麼（˙ㄇㄜ）呢（˙ㄋㄜ）？

：我（ㄨㄛˇ）喜（ㄒㄧˇ）歡（ㄏㄨㄢ）吃（ㄔ）青（ㄑㄧㄥ）菜（ㄘㄞˋ），也（ㄧㄝˇ）喜（ㄒㄧˇ）歡（ㄏㄨㄢ）吃（ㄔ）水（ㄕㄨㄟˇ）果（ㄍㄨㄛˇ）！

變一變

先寫下這個字，再造一個詞

忄 + 夬	忄 + 肖	心 + 相	心 + 乍

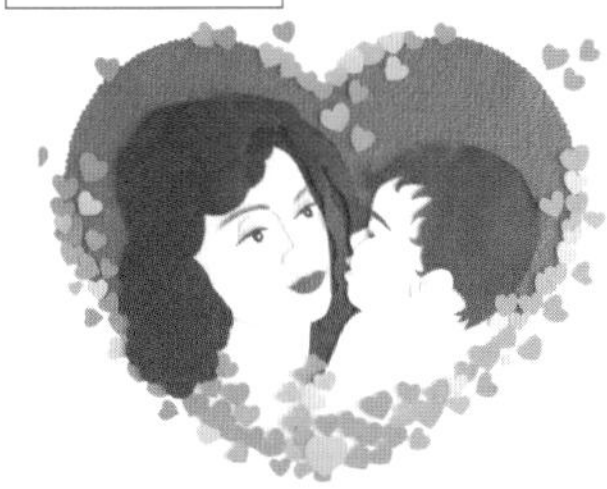

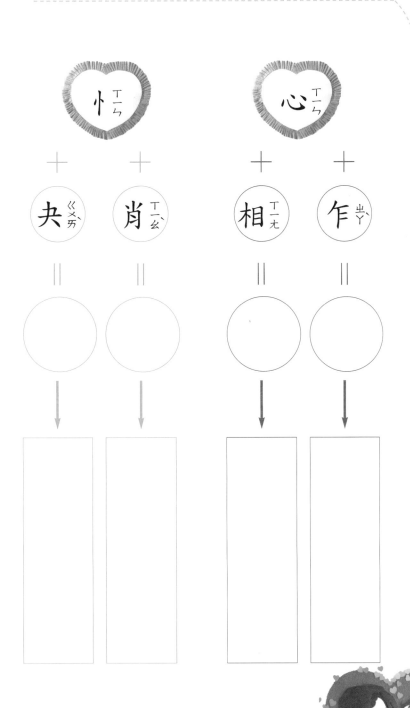

讀一讀（ㄉㄨˊ 一 ㄉㄨˊ）

妹妹（ㄇㄟˋ ㄇㄟ˙）東看（ㄉㄨㄥ ㄎㄢˋ）西看（ㄒㄧ ㄎㄢˋ），
像（ㄒㄧㄤˋ）一隻（一 ㄓ）小花貓（ㄒㄧㄠˇ ㄏㄨㄚ ㄇㄠ）。

奶奶（ㄋㄞˇ ㄋㄞ˙）東找（ㄉㄨㄥ ㄓㄠˇ）西找（ㄒㄧ ㄓㄠˇ），
還是（ㄏㄞˊ ㄕˋ）找不到（ㄓㄠˇ ㄅㄨˋ ㄉㄠˋ）日曆（ㄖˋ ㄌㄧˋ）。

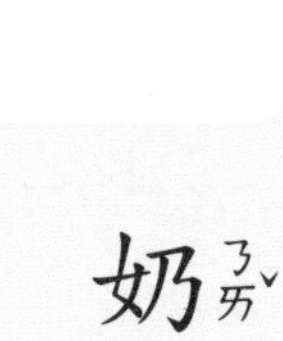

小明（ㄒㄧㄠˇ ㄇㄧㄥˊ）東問西問（ㄉㄨㄥ ㄨㄣˋ ㄒㄧ ㄨㄣˋ），
想知道（ㄒㄧㄤˇ ㄓ ㄉㄠˋ）明天的天氣（ㄇㄧㄥˊ ㄊㄧㄢ ˙ㄉㄜ ㄊㄧㄢ ㄑㄧˋ）。

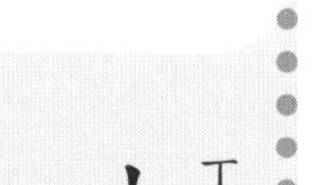

連一連

他們在做什麼，請連一連，再讀一遍。

姐姐一邊看電視，一邊吃東西。

妹妹一邊跑，一邊拍手。

哥哥一邊賞花，一邊照相。

弟弟一邊看書，一邊寫字。

十 麻雀

一群小麻雀，
吱吱喳喳在說話，
說什麼話？
「綠綠的樹是我們的家。」

麻 雀 群 吱 喳 哈 泡

一群小麻雀，
嘻嘻哈哈在說話，
說什麼話？
「有空來我們家泡泡茶。」

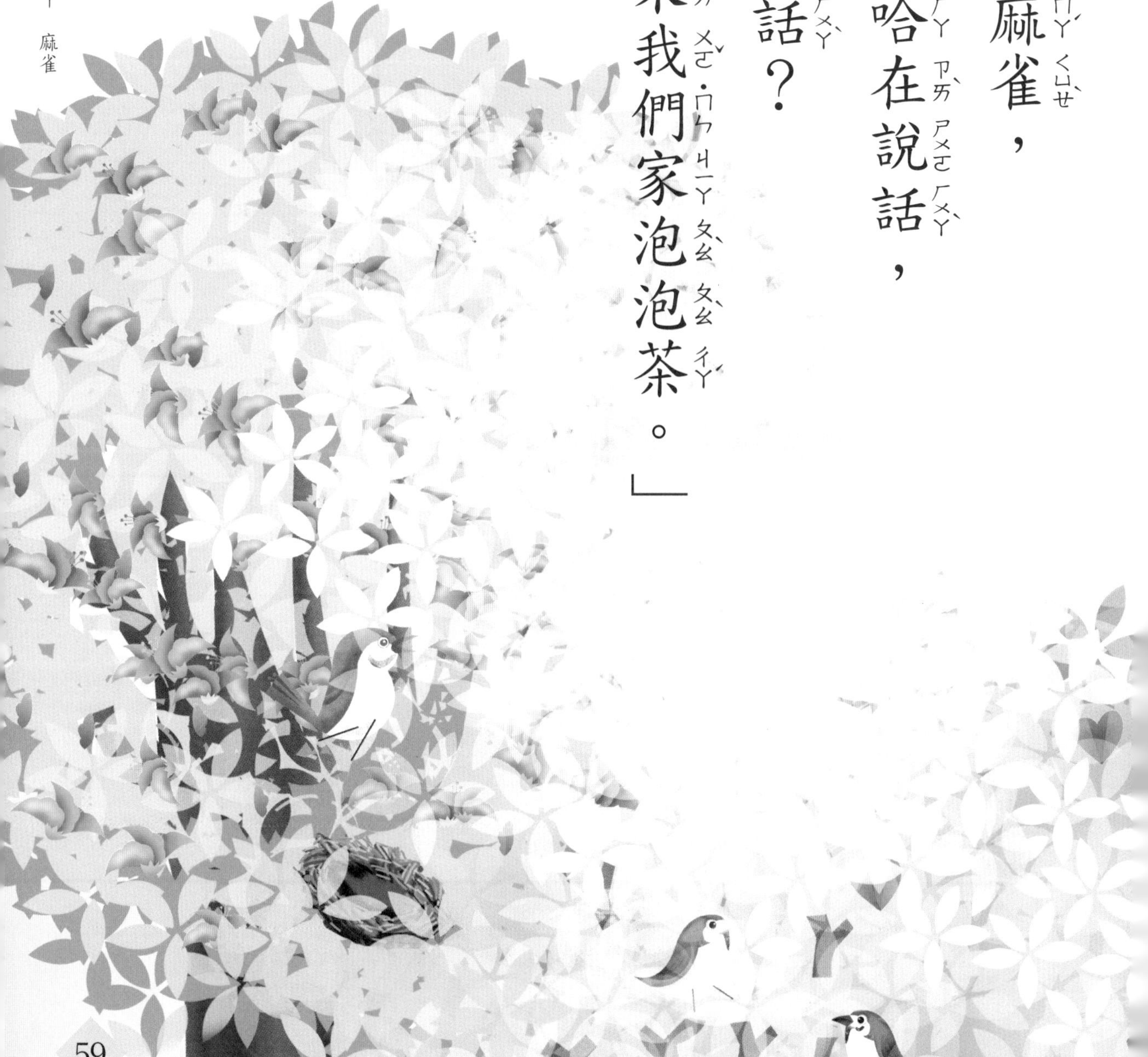

茶 ㄔㄚˊ

說一說

：小麻雀，請開門。

：歡迎你來我家。

：我帶了小蟲送給你，請你收下吧！

：謝謝你。請問你要喝什麼？

：我要喝水。

：請坐一下，我去泡茶。

念一念

如果我是一隻小麻雀，
我要飛到你的家，
和你說說話。

如果我是一隻小麻雀，
我要飛到你的家，
看看你的花。

如果我是一隻小麻雀，
我要飛到你的家，
一起喝喝茶。

讀一讀，再寫一寫

一群鳥在天空飛。

一匹馬在草地上。

一棵樹在前面。

爸爸在吃飯。

哥哥在唱歌。

奶奶（　　）（　　）。

小狗會追
小妹妹會唱
爺爺要喝
姐姐愛看
媽媽要送
你要找

什麼
什麼
什麼
什麼
什麼
什麼

東西？
歌？
茶？
書？
禮物給我？
（　　）？

十一 房子

你住在高高的樓房，
上上下下走樓梯；
我住在寬寬的平房，
前前後後有草地。
我喜歡去你家，

住 樓 梯 寬 平 歡 爬

爬上樓頂，
看我家的草地；
你喜歡來我家，
躺在草地上，
看你家的屋頂。
你喜歡我的家，我也喜歡你的家。

屋ㄨ　躺ㄊㄤˇ　頂ㄉㄧㄥˇ

說一說

：比賽爬樓真有趣！

：哇！我們爬到頂樓了。

：我看到很遠的山。

：馬路變小了，很多房子也變小了。

：你家的草地像一大張綠色的紙。

：汽車看起來像箱子。

：原來在高樓往下看，這麼有趣。

讀一讀（ㄉㄨˊ ㄧˋ ㄉㄨˊ）

有什麼不一樣（ㄧㄡˇ ㄕㄣˊ ㄇㄛ˙ ㄅㄨˋ ㄧˋ ㄧㄤˋ）

1. 上（ㄕㄤˋ）／下（ㄒㄧㄚˋ）……… 上上下下（ㄕㄤˋ ㄕㄤˋ ㄒㄧㄚˋ ㄒㄧㄚˋ）

2. 高（ㄍㄠ）／低（ㄉㄧ）……… 高高低低（ㄍㄠ ㄍㄠ ㄉㄧ ㄉㄧ）

3. 前（ㄑㄧㄢˊ）／後（ㄏㄡˋ）……… 前前後後（ㄑㄧㄢˊ ㄑㄧㄢˊ ㄏㄡˋ ㄏㄡˋ）

4. 紅（ㄏㄨㄥˊ）／綠（ㄌㄩˋ）……… 紅紅綠綠（ㄏㄨㄥˊ ㄏㄨㄥˊ ㄌㄩˋ ㄌㄩˋ）

5. 安（ㄢ）／靜（ㄐㄧㄥˋ）……… 安安靜靜（ㄢ ㄢ ㄐㄧㄥˋ ㄐㄧㄥˋ）

6. 大（ㄉㄚˋ）／小（ㄒㄧㄠˇ）……… 大大小小（ㄉㄚˋ ㄉㄚˋ ㄒㄧㄠˇ ㄒㄧㄠˇ）

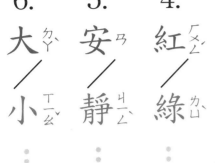

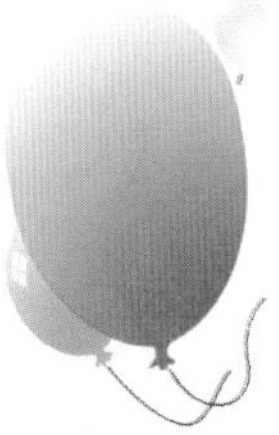

逗號「，」

小豆芽
長尾巴
話沒說完
先停一下

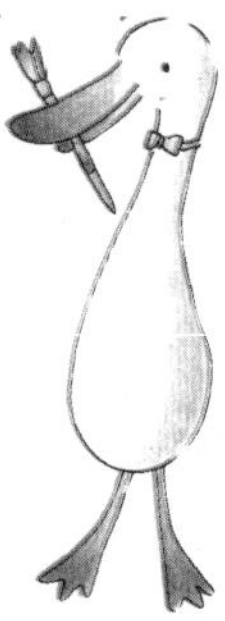

1. 草原上有小花（　）也有大樹。
2. 下雪時（　）山變白了（　）樹變白了（　）房子也變白了。

句號「。」

圓圓一顆
像珍珠
說完一句話
掛上它
真圓滿

1. 小牛喜歡吃青草（　）
2. 明天我要去泡溫泉（　）
3. 下課了，我跑去拍皮球（　）

十二 唱歌

我們到山上，
聽小溪唱歌。
ㄏㄨㄚ ㄌㄚ ㄏㄨㄚ ㄌㄚ，
ㄏㄨㄚ ㄌㄚ ㄏㄨㄚ ㄌㄚ，
溪水的歌聲真美妙，
一句一句又一句，
溜過小橋下。
我們坐在山上，

進 穿 首 微 過 句 美 聽

聽微風唱歌。

ㄕㄚ ㄌㄚ ㄕㄚ ㄌㄚ，

ㄕㄚ ㄌㄚ ㄕㄚ ㄌㄚ，

微風的歌聲好美妙。

一首一首又一首，

穿進樹林裡。

我們輕輕的拍手，

跟著河水一句一句的唱，

跟著微風一首一首的唱。

林 ㄌㄧㄣ　輕 ㄑㄧㄥ　跟 ㄍㄣ　河 ㄏㄜ　　溪 ㄒㄧ　聲 ㄕㄥ　溜 ㄌㄧㄡ　橋 ㄑㄧㄠ

說一說

：你來看！小溪裡有好多魚。

：哇！牠們看起來好快樂。

：因為牠們聽到了微風的歌聲。

：微風的歌聲真美妙。

你再看！小溪裡也有雲。

：那不是真的雲，真的雲在天上。

：對！你看，天上的雲真白呀！

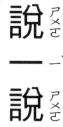

念一念

風爺爺，叫風來。
東風來了西風來，
西風來了北風來；
東風吹得百花開，
西風吹得好涼快，
北風吹得雪花白。

聽聽這些聲音

ㄊㄧㄥ ㄊㄧㄥ ㄓㄜˋ ㄒㄧㄝ ㄕㄥ ㄧㄣ
ㄨㄤ ㄨㄤ ㄨㄤ
ㄇㄧㄠ ㄇㄧㄠ
ㄒㄧ ㄌㄧˋ ㄒㄧ ㄌㄧˋ
ㄍㄨ ㄍㄨ ㄍㄨ
ㄕㄚ ㄌㄚ ㄕㄚ ㄌㄚ
ㄐㄧㄡ ㄐㄧㄡ ㄐㄧㄡ
ㄏㄨㄚ ㄌㄚ ㄏㄨㄚ ㄌㄚ
ㄓ ㄓ ㄓㄚ ㄓㄚ

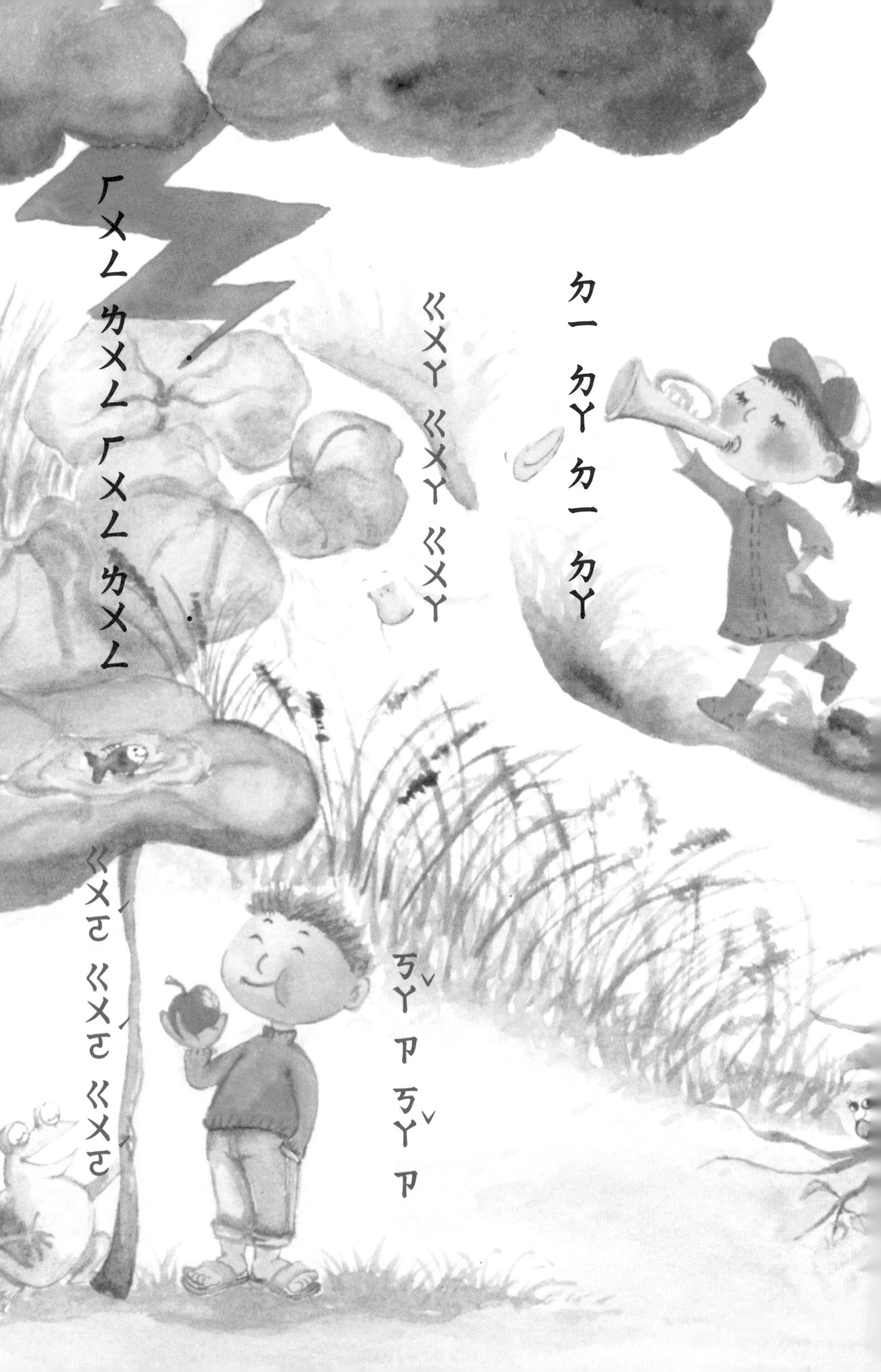
ㄉㄧ ㄉㄚ ㄉㄧ ㄉㄚ
ㄍㄨㄚ ㄍㄨㄚ ㄍㄨㄚ
ㄏㄨㄥ ㄌㄨㄥ ㄏㄨㄥ ㄌㄨㄥ
ㄎㄚˇ ㄗ ㄎㄚˇ ㄗ
ㄍㄨㄛˊ ㄍㄨㄛˊ ㄍㄨㄛˊ

附錄

認識基本筆畫

筆畫	名稱	例子
一	橫（ㄏㄥˊ）	一 二
丨	豎（ㄕㄨˋ）	斗 不
丶	點（ㄉㄧㄢˇ）	魚 字
丿	撇（ㄆㄧㄝˇ）	仁 什
㇏	捺（ㄋㄚˋ）	人 之
㇀	挑（ㄊㄧㄠˇ）	法 挑
㇕	橫折（ㄏㄥˊ ㄓㄜˊ）	日 田

筆畫	名稱	例子
㇄	豎曲鉤（ㄕㄨˋ ㄑㄩ ㄍㄡ）	包 他
㇖	橫鉤（ㄏㄥˊ ㄍㄡ）	皮 也
亅	豎鉤（ㄕㄨˋ ㄍㄡ）	牙 寸
㇂	斜鉤（ㄒㄧㄝˊ ㄍㄡ）	我 代
㇉	彎鉤（ㄨㄢ ㄍㄡ）	了 豕
㇆	橫折鉤（ㄏㄥˊ ㄓㄜˊ ㄍㄡ）	月 再
㇇	橫撇（ㄏㄥˊ ㄆㄧㄝˇ）	發 又

標準筆順（ㄅㄧㄠ ㄓㄨㄣˇ ㄅㄧˇ ㄕㄨㄣˋ）

數字為總筆畫（ㄕㄨˋ ㄗˋ ㄨㄟˊ ㄗㄨㄥˇ ㄅㄧˇ ㄏㄨㄚˋ）

一

像	跑	老	師	到	頭	們
14	12	6	10	8	16	10

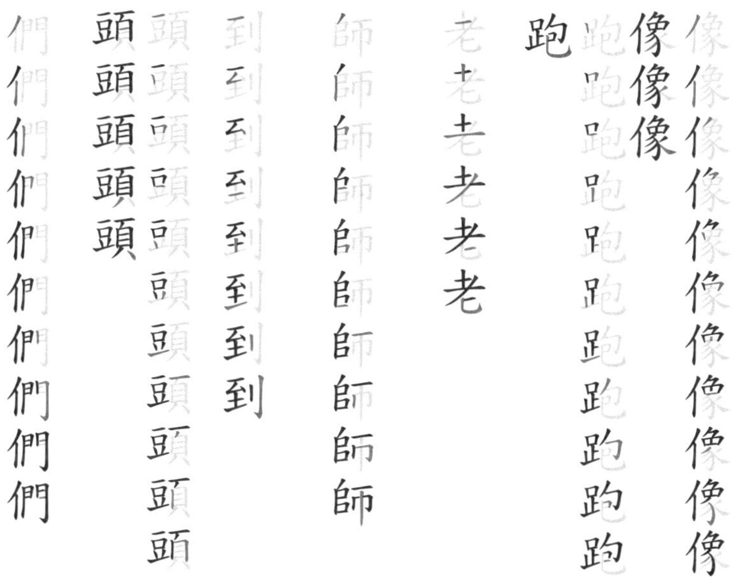

二

頑	皮	家	族	學	校	樹	高	草
13	5	10	11	16	10	16	10	10

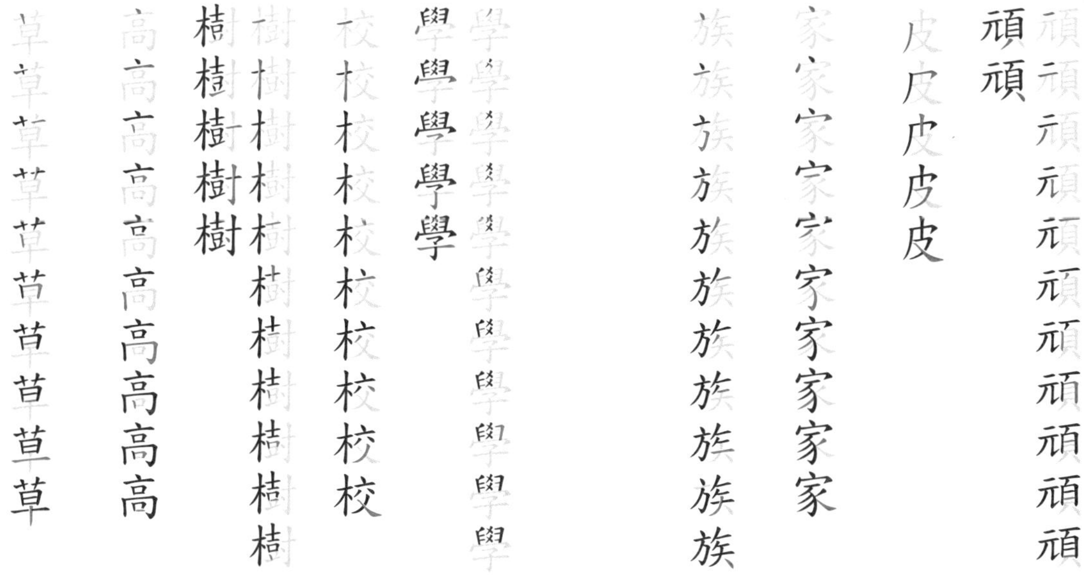

字	筆畫
悄	10
話	13
同	6
手	4
拉	8

三

字	筆畫
課	15
拿	10
出	5
書	10

字	筆畫
也	3
拍	8
球	11
你	7
滑	13
告	7
訴	12
快	7

四

字	筆畫
雪	11

附錄

地	裡	片	漂	亮	變	房	坐	對
6	13	4	14	9	23	8	7	14

五

耶	誕	棵	站	客	包	禮	物	閃
9	15	12	10	9	5	17	8	10

六

燈	掛	愛	新	年	恭	喜	街	舞
16	11	13	13	6	10	12	12	14

七

獅	龍	奇	打	請	吃	飯	給	接
13	16	8	5	15	6	12	12	11

問 11

找 7

什 4

麼 14

可 5

以 5

記 10

八

排 11

王 3

超 12

去 5

買 12

青 8

果 8

汽 7

結 12

要 9

伍 6

次 6

九

朋	友	東	玩	心	想	怎	只	每
8	4	8	8	4	13	9	5	7

十

都	半	菜	麻	雀	群	吱	喳	哈
11	5	12	11	11	13	7	12	9

泡	茶
8	10

十一

住	樓	梯	寬	平	歡	爬
7	15	11	15	5	22	8

頂	躺	屋
11	15	9

十二

聽	美	句	過	微	首
22	9	5	13	13	9

穿	進	林	輕	跟	河
9	12	8	14	13	8

附錄

字詞拼音對照表

漢語拼音、通用拼音和英文解釋

課次	字・詞	頁碼	漢語拼音	通用拼音	英文解釋
1	愛	4	ài	ài	to love
	早	2	zǎo	zǎo	morning
	起	2	qǐ	cǐ	rise; get up; start
	像	2	xiàng	siàng	like, as
	跑	2	pǎo	pǎo	run
	哇	2	wa	wå	a emphasized particle
	們	3	men	me̊n	an adjunct to a pronun or noun to indicate plurality
	我們	3	wǒmen	wǒme̊n	we, us
	頑皮	3	wánpí	wánpí	naughty or impish
	族	3	zú	zú	a group of
2	學	8	xué	syué	to learn
	學校	8	xuéxiào	syuésiào	school
	好	8	hǎo	hǎo	good
	樹	8	shù	shù	tree
	高	8	gāo	gao	high
	草	8	cǎo	cǎo	grass
	悄	8	qiǎo	ciǎo	quietly
	拉	9	lā	lā	to hold; to pull
	唱	9	chàng	chàng	to sing

課次	字・詞	課文頁碼	漢語拼音	通用拼音	英文解釋
	歌	9	gē	ge	song
3	課	14	kè	kè	class
	上課	14	shàngkè	shàngkè	to attend class
	下課	14	xiàkè	siàkè	to finish class
	出	14	chū	chu	to go out, to leave
	拍	15	pāi	pai	to clap; to pat
	拍球	15	pāiqiú	paicióu	to pat a ball
	溜	15	liū	liou	to slide
	滑	15	huá	huá	to slip
	梯	15	tī	ti	a ladder; stairs
	溜滑梯	15	liūhuátī	liouhuáti	to slide
	告訴	15	gàosù	gàosù	to tell
	快	15	kuài	kuài	fast
4	雪	20	xuě	syuě	snow
	冷	20	lěng	lěng	cold
	地	20	dì	dì	ground
	著	20	zhe	jhe̊	an adverbial particle
	片	20	piàn	piàn	piece
	房子	20	fángzi	fángzi̊h	house
	也	20	yě	yě	also
	了	20	le	le̊	an expletive
	坐	21	zuò	zuò	sit
5	棵	26	kē	ke	a numerary

課次（ㄎㄜˋ ㄘˋ）	字‧詞（ㄗˋ ㄘˊ）	課文頁碼（ㄎㄜˋ ㄨㄣˊ ㄧㄝˋ ㄇㄚˇ）	漢語拼音（ㄏㄢˋ ㄩˇ ㄆㄧㄣ ㄧㄣ）	通用拼音（ㄊㄨㄥ ㄩㄥˋ ㄆㄧㄣ ㄧㄣ）	英文解釋（ㄧㄥ ㄨㄣˊ ㄐㄧㄝˇ ㄕˋ）
	高（ㄍㄠ）	26	gāo	gao	high
	耶（ㄧㄝ）	26	yē	ye	An exclamatory particle
	站（ㄓㄢˋ）	26	zhàn	jhàn	stand up
	在（ㄗㄞˋ）	26	zài	zài	at
	家（ㄐㄧㄚ）	26	jiā	jia	home
	客（ㄎㄜˋ）	26	kè	kè	guest
	包（ㄅㄠ）	26	bāo	bao	a parcel; to wrap
	物（ㄨˋ）	26	wù	wù	thing
	禮物（ㄌㄧˇ ㄨˋ）	26	lǐwù	lǐwù	gift
	閃（ㄕㄢˇ）	26	shǎn	shǎn	shining
	掛（ㄍㄨㄚˋ）	26	guà	guà	to hang
6	新（ㄒㄧㄣ）	32	xīn	sin	new
	年（ㄋㄧㄢˊ）	32	nián	nián	year
	新年（ㄒㄧㄣ ㄋㄧㄢˊ）	32	xīnnián	sinnián	new year
	到（ㄉㄠˋ）	32	dào	dào	arrive
	看（ㄎㄢˋ）	32	kàn	kàn	to see
	恭喜（ㄍㄨㄥ ㄒㄧˇ）	32	gōngxǐ	gongsǐ	congratulation
	拿（ㄋㄚˊ）	32	ná	ná	to take
	紅（ㄏㄨㄥˊ）	32	hóng	hóng	red
	紅包（ㄏㄨㄥˊ ㄅㄠ）	32	hóngbāo	hóngbao	red envelope
	笑（ㄒㄧㄠˋ）	32	xiào	siào	smile
	你（ㄋㄧˇ）	32	nǐ	nǐ	you
	真（ㄓㄣ）	32	zhēn	jhen	really

課次	字・詞	課文頁碼	漢語拼音	通用拼音	英文解釋
	奇	32	qí	cí	strange
7	打	38	dǎ	dǎ	to hit
	請	38	qǐng	cǐng	please
	問	38	wèn	wùn	to ask
	嗎	38	ma	må	a phrase-final particle used in questions
	接	38	jiē	jie	receive
	什麼	38	shénme	shénme̊	what
	找	38	zhǎo	jhǎo	to find out
	吃飯	39	chīfàn	chihfàn	to eat
	可以	39	kěyǐ	kěyǐ	can
	記	39	jì	jì	remember
8	超市	46	chāoshì	chaoshìh	supermarket
	買	46	mǎi	mǎi	to buy
	青	46	qīng	cing	green
	果	46	guǒ	guǒ	the fruit of a plant
	水果	46	shuǐguǒ	shuěiguǒ	fruit
	要	46	yào	yào	want
	汽水	46	qìshuǐ	cìshuěi	soft drinks
	排	46	pái	pái	aline; to put in order
	結	46	jié	jié	to pay up
	伍	46	wǔ	wǔ	five; to associate
	次	47	cì	cìh	time(s); order
9	朋友	52	péngyǒu	péngyǒu	friend

附錄

課次	字・詞	課文頁碼	漢語拼音	通用拼音	英文解釋
	心	52	xīn	sin	heart
	想	52	xiǎng	siǎng	to think
	怎麼	52	zěnme	zěnme̊	how; what
	個	52	ge	ge̊	a numerary adjunct
	只	53	zhǐ	jhǐh	only
	每	53	měi	měi	every
	都	53	dōu	dou	all; altogether
	半	53	bàn	bàn	half
	東	53	dōng	dong	east
	東西	53	dōngxi	dongsi̊	thing
10	群	58	qún	cyún	a group; to crowd
	麻雀	58	máquè	mácyuè	a sparrow
	吱喳	58	zhīzhā	zhihjha	chatter(made by birds)
	嘻	59	xī	si	laughing happily
	哈	59	hā	ha	laughing heartly
	泡	59	pào	pào	to make
	茶	59	chá	chá	tea
11	住	64	zhù	jhù	to live
	樓	64	lóu	lóu	floor
	平	64	píng	píng	flat
	喜歡	64	xǐhuān	sǐhuan	like
	爬	65	pá	pá	climb
	頂	65	dǐng	dǐng	top

課次	字・詞	課文頁碼	漢語拼音	通用拼音	英文解釋
	躺	65	tǎng	tǎng	to lie down
	屋	65	wū	wu	house
12	句	70	jù	jyù	a sentence
	過	70	guò	guò	to pass
	微	71	wéi	wéi	weak; subtle
	首	71	shǒu	shǒu	first; head
	穿	71	chuān	chuan	through; to wear
	進	71	jìn	jìn	enter into
	林	71	lín	lín	forest
	裡	71	lǐ	lǐ	inside
	輕	71	qīng	cing	lightly; softly
	手	71	shǒu	shǒu	hand(s)
	跟	71	gēn	gen	to follow; with

讓學生更容易親近的好教材！

經典教材全新版華語，今年將隆重推出橫式編排版本：

- 「注音符號」與「漢語拼音」雙註
- 「正體字」與「簡體字」並列

老師教學更多元、更便利；

學生學習更輕鬆、更樂意！

三大特色

- 提供正體字版（直式）與正簡並列版（橫式）兩種版本，老師可依需求選書
- 優美的文字，豐富的故事，學習語言之餘，還能同時接受不一樣的文化薰陶
- 搭配教用電子書，結合數位科技與傳統教學，將華語教學變得有趣易學

100年底 率先推出1-3冊．101年6月將推出4-6冊

國家圖書館出版品預行編目資料

全新版華語＝Easy Chinese/蘇月英等編撰. --臺三版.
--臺北縣新店市：流傳文化,2010.04 印刷-
冊；　公分
ISBN 978-986-7397-36-2（第1冊：平裝附光碟片）
ISBN 978-986-7397-37-9（第2冊：平裝附光碟片）
ISBN 978-986-7397-44-7（第1冊：平裝）
ISBN 978-986-7397-45-4（第2冊：平裝）
1.漢語　2.讀本

802.85　　98025457

【全新版】華語第二冊

總 主 編◎蘇月英
編撰委員◎蘇月英、李春霞、胡曉英、詹月現、蘇　蘭
吳建衛、夏婉雲、鄒敦怜、林麗麗、林麗眞
責任編輯◎胡琬瑜
插　　畫◎張振松、江儀玲、江長芳、利曉文
美術設計◎利曉文
封面設計◎賴佳玲
發 行 人◎曾高燦
出版發行◎流傳文化事業股份有限公司
地　　址◎(231)新北市新店區復興路43號4樓
電　　話◎(02)8667-6565
傳　　眞◎(02)2218-5172
郵撥帳號◎19423296
網　　址◎http://www.ccbc.com.tw
E-mail:service@ccbc.com.tw
香港分公司◎集成圖書有限公司 — 香港皇后大道中283號聯威商業中心8字樓C室
TEL：(852)23886172-3・FAX：(852)23886174
美國辦事處◎中華書局 — 135-29 Roosevelt Ave. Flushing, NY 11354 U.S.A.
TEL：(718)3533580・FAX：(718)3533489
日本總經銷◎光儒堂 — 東京都千代田區神田神保町一丁目五六番地
TEL：(03)32914344・FAX：(03)32914345

出版日期◎西元 2003 年 5 月臺初版（50009）香港維生
西元 2004 年 3 月臺二版（50023）世新
西元 2010 年 4 月臺三版一刷
西元 2012 年 3 月臺三版三刷
印　　刷◎世新大學出版中心

分類號碼◎802.85.063
ISBN 978-986-7397-37-9

定　　價：170元